Wer lacht, wird selig

Andreas Martin und
Robert Rothmann (Hrsg.)

Wer lacht, wird selig

– Witze rund um den Kirchturm –

benno

Die Deutsche Bibliothek – CIP-Einheitsaufnahme

Wer lacht, wird selig : Witze rund um den Kirchturm /
Andreas Martin und Robert Rothmann (Hrsg.). –
3. Aufl., – Leipzig : Benno-Verl., 2002
ISBN 3-7462-1410-6

ISBN 3-7462-1410-6

3. Auflage 2002
Umschlaggestaltung: Ulrike Vetter, Leipzig
Illustrationen: Karsten Lackmann, Altötting
Satz und Herstellung: Arnold & Domnick, Leipzig
Printed in the Czech Republic

Inhalt

Am Anfang war das Vorwort

(vor dem Besteigen des Kirchturms zu lesen)

Oft hören wir, dass es nicht mehr so viele Witze gibt. Das ist auch verständlich: bei den ganz persönlichen Problemen vergeht uns oft das Lachen. Aber wir merken nicht, dass unser Blick dann nur nach unten auf den Boden gerichtet ist. Wir sehen gar nicht mehr, wo wir hingehen, und stoßen uns an Wänden und Mauern die Köpfe wund.

Wenn man auf den Kirchturm steigt, was man durchaus öfter einmal machen sollte, dann erscheint die Welt plötzlich aus einer ganz anderen Perspektive. Die Menschen sind winzig klein, wie Ameisen bewegen sie sich. Man spürt plötzlich eine Weite und Unabhängigkeit. Am liebsten möchte man auf dem Dachfirst balancieren, die Glocken mal so richtig läuten oder die Uhr verstellen. Wenn man sich die steinernen Figuren der alten Steinmetze betrachtet, dann sieht man, dass die Höhe und Abgeschiedenheit auch sie zu manchem Schabernack verführt hat.

Und so merken wir, dass Humor zu unserem Leben, auch zu unserem Christsein gehört, dass man über das, was eigentlich eine ernste Angelegenheit ist, auch einmal herzlich lachen kann.

„Nur sechsmal kirchturmhoch über den Dingen, und schon wird alles rührend klein und ein bisschen spaßig. Und wenn man das erwägt, dann darf man es wohl dem lieben Gott nicht verübeln, dass er manchmal unser Gestrampel von der heiteren Seite nimmt, wie es den Anschein hat."

Karl Heinrich Waggerl

Unser Blick soll aber nicht nur nach unten gehen, sondern auch in die Weite, denn überall gilt das Gleiche:
Humor und Witz gehören doch zu den Kategorien im Leben, die wir mit allen Menschen teilen, die unbedingt auf die positive Waagschale im Konkurrenzkampf des Daseins gehören, egal wie blind Göttin Fortuna sonst die Güter verteilt.
In diesem Sinne soll diese Fortsetzung von „Aber bitte, Herr Pfarrer“ inhaltlich eine Erweiterung erfahren. Der große Theologe Karl Rahner, von dem es zwar mehr ernste als heitere Fotos gibt, soll trotzdem auch Humor und Witz besessen haben. Er sah in allen Mitmenschen gleichsam „anonyme Christen“, was er selbst so vordergründig gar nicht gemeint hatte, man ihm aber als unlautere Vereinnahmung übel nahm. Vielleicht hat ja Karl dabei auch geschmunzelt und wir haben den feinen Humor nicht verstanden?! Denn jeder, der lacht, gehört schon zu mir, wenn ich ein froher Mensch bin. Im Lachen sind wir schon gemeinsam erlöst, und da „wer zuletzt lacht“ am besten lacht, sollten wir am besten aus dem Lachen gar nicht mehr herauskommen und unser Lachen wie den Glockenklang vom Kirchturm über das Land erklingen lassen.

Viel Spaß wünschen
Andreas Martin und Robert Rothmann

Mit Menschen- und Pfarrerszungen

(direkt unter dem Kirchturm)

Ein fremder Beichtvater hält auch die Sonntagsmesse und predigt und predigt und predigt... Die Leute rutschen schon ganz unruhig auf den Bänken hin und her, denn das sind sie von ihrem Pfarrer nicht gewohnt. Plötzlich hört man eine helle Kinderstimme: „Mutti, ist noch Sonntag?"

Pfarrer Bornstett pflegt seine Predigt vom Manuskript abzulesen, das er eine halbe Stunde vor Beginn des Gottesdienstes auf die Kanzel legt. Eines Sonntags entwendet ein junges freches Gemeindemitglied heimlich die letzte Seite. Was passiert? Gerade liest der Pfarrer vor: „Und Adam sprach zu Eva...", da blättert er weiter, findet das letzte Blatt nicht, sucht durch das Manuskript und wiederholt, um Zeit zu gewinnen: „Und Adam sprach zu Eva..." Plötzlich fügt er leise hinzu, aber über die Lautsprecher ist es bis in die letzte Bank deutlich zu vernehmen: „...da fehlt doch ein Blatt!"

Einem Geistlichen wird vor der Predigt ein Brief überreicht. In dem steht nur ein einziges Wort: „Blödmann". Der Gemeinde erzählt er davon und meint: „Ich kenne viele Beispiele dafür, dass jemand einen Brief schreibt und dann vergisst, ihn zu unterschreiben. Aber das ist der erste Fall, dass jemand unterschreibt und den Brief zu schreiben vergisst!"

Der Dorfpfarrer setzt sich zu Tisch und beginnt zu essen, ohne sein übliches Tischgebet gesprochen zu haben. Als ihn die Haushälterin darauf aufmerksam macht, meint er nur: „Über allem, was sich auf diesem Tisch befindet, wurde schon mindestens dreimal der Segen gesprochen!..."

Der Pfarrer predigt über Neid und Missgunst unter den Menschen. Er wählt ein Beispiel, um der Gemeinde deutlich zu machen, dass jeder auf seinem Platz glücklich werden und nicht immer nach den anderen schauen soll. „Seht, die Rose braucht die Sonne, die Fuchsie dagegen wächst nur im Schatten."
In der Woche trifft er ein altes Mütterchen. „Was haben Sie so schön gepredigt, Herr Pfarrer. Jetzt weiß ich endlich, warum meine Fuchsien nicht gedeihen."

Der Pfarrer eines kleinen bayerischen Dorfes sitzt am Sonntag zum Frühschoppen im Wirtshaus und schaut griesgrämig vor sich hin. Kommt der Wirt an den Tisch: „Na, Herr Pfarrer, was ist denn mit Ihnen los?“ „Na soll man nicht grimmig sein, wenn man gleich früh einen Ehebruch gebeichtet bekommt?“ Kommt die hübsche Wirtin aus der Küche mit einer Schüssel Weißwürste: „Gell, Herr Pfarrer, da waren Sie erstaunt, wie ich heute früh bei Ihnen beichten war?“

„Liebe Gemeinde, wenn ich mir die Autos vor der Kirche betrachte, dann freue ich mich: Es gibt kaum Arme in unserer Gemeinde. Und wenn ich in den Kollektenkorb schaue, dann freue ich mich auch: Es gibt kaum Reiche in unserer Gemeinde.“

Der Kaplan zeigt beim Erstkommunionunterricht den Kindern den Beichtstuhl. Ein kleiner Junge sieht die Stola dort hängen und fragt den verdutzten Kaplan: „Müsst Ihr Euch jetzt auch anschnallen?“

Es stand an der Kathedrale: „Der Dompropst heißt alle Touristen herzlich willkommen. Er möchte aber darauf hinweisen, dass in der Kirche keine Gelegenheit zum Schwimmen gegeben ist. Daher ist es völlig unnötig, die Kathedrale in Strandkleidung zu betreten."

Religionsunterricht. Der Kaplan stellt eine schwere Frage: „Also es gibt drei Dinge, auf die der Mensch am wenigsten vorbereitet ist! Wer weiß das?" Darauf Fritzchen: „Drillinge!"

Noch einmal im Religionsunterricht. Das Thema ist die Allmacht Gottes. Fritzchen hat eine Frage: „Kann der liebe Gott einen ganz, ganz großen Stein machen, Herr Kaplan?"
„Natürlich kann er das."
„Und kann er den dann auch werfen?"
„Ja, na klar kann er das."
„Und kann der liebe Gott auch einen so großen Stein machen, dass er ihn nicht mehr werfen kann?"

Der Referatsleiter für den Religionsunterricht ist angekündigt. Der Pfarrer schärft der ersten Klasse ein, den Herrn Ordinariatsrat ja nicht mit „du" anzureden. Im Unterricht werden die zehn Gebote behandelt. Der Ordinariatsrat lässt es sich natürlich nicht nehmen, die Schüler zu befragen: „Na, wie heißt denn das sechste Gebot, du da hinten mit den schwarzen Haaren?" Annegret steht auf: „Du sollst… äh Sie sollen nicht ehebrechen, Herr Ordinariatsrat."

Sagt der Pfarrer beim Gottesdienst: „Unser Organist kann heute leider nicht spielen. Ich stimme das Lied 71 an, danach fällt die ganze Kirche ein!"

Am Samstagabend fragt der Pfarrer den Kaplan, worüber er zu predigen gedenke.
Der Kaplan: „Ich dachte an die Tugend der Sparsamkeit!"
Der Pfarrer: „In Ordnung, aber wir werden die Kollekte wohl besser vorher einsammeln!"

Sagt der Pfarrer zum Küster: „Keine Menschenseele in der Kirche, nicht mal der Organist. Wer spielt denn da?" Sagt der Küster: „Bayern gegen Leverkusen..!"

Der Wanderzirkus macht im Dorf Station. Ein Artist geht Abends zur Beichte. Der Pfarrer fragt ihn danach, was er denn für ein Artist sei. Dieser macht ihm einige Kunststücke vor: Salto, Kopfstand ohne Hände, Rolle. Dann läuft er auf den Händen zum Beichtstuhl zurück. Der Pfarrer gibt ihm beeindruckt den Segen.
Aus der hinteren Ecke kommt die nicht ganz dünne Rosi aufgeregt zum Pfarrer: „Aber mir geben Sie nicht so eine schwere Buße auf.“

BEICHTE

Der Pfarrer predigt über die zehn Gebote. Als er beim Gebot „Du sollst nicht stehlen“ angekommen ist, sieht er, wie in der dritten Reihe ein Mann zusammenzuckt und verstohlen seine Nachbarn zu mustern beginnt. Als der Pfarrer später in seiner Predigt zum Gebot „Du sollst nicht ehebrechen“ kommt, sieht er, wie der Mann in der dritten Reihe sich plötzlich wieder entspannt auf der Bank zurücklehnt und lächelt. Des Pfarrers Neugier ist durch diesen Vorgang derart geweckt, dass er nach dem Gottesdienst den Mann anspricht, was das denn zu bedeuten hatte. Darauf der Mann: „Oh, das ist ganz einfach. Als Sie von dem Gebot ‚Du sollt nicht stehlen‘ sprachen, da fiel mir plötzlich auf, dass mein Regenschirm verschwunden war. Als Sie dann zu ‚Du sollst nicht ehebrechen‘ kamen, wusste ich wieder, wo ich ihn habe stehen lassen.“

Der Harald hat alles gebeichtet. Der Pfarrer spricht nun von Buße und Reue. Da fällt dem Harald etwas ein: „Moment, Herr Pfarrer, einige meiner Sünden waren so schön, da müsste ich lügen, wenn ich sie bereuen tät.“

Vier Geistliche sitzen nach getaner Arbeit am Montag zusammen. „Wisst ihr“, sagt der eine, „wir sind doch wirklich gute Freunde. Vielleicht nutzen wir die Gelegenheit einmal, um uns über unsere Probleme auszusprechen.“ Alle nicken zustimmend. „Lasst mich euch anvertrauen, dass ich zuviel trinke“, bekennt der erste. Die anderen drei seufzen. Der zweite: „Da du, lieber Bruder, so ehrlich zu uns warst, wage ich zu gestehen, dass ich der Spielleidenschaft fröne. Mich hat sogar schon der Wunsch heimgesucht, Geld aus dem Opferstock zu nehmen.“ Wieder seufzen die anderen drei. Darauf sagt der dritte: „Liebe Brüder, ich bin ganz und gar durcheinander, ich habe Zuneigung zu einer Frau in meiner Gemeinde gefasst – und sie ist sogar verheiratet.“ Die anderen drei seufzen wieder. Schließlich soll der vierte auch sein größtes Problem äußern, doch er sträubt sich noch. Die anderen drei reden ihm aber gut zu: „Mach dir keine Gedanken, dein Problem ist bei uns gut aufgehoben. Wir sind verschwiegen und werden niemandem etwas sagen.“ „Nun ja, ich weiß nicht, wie ich es ausdrücken soll, aber mein Problem ist: Ich bin eine furchtbare Klatschtante und kann kein Geheimnis für mich behalten…“

Ein Prälat zeigt einem Mitbruder seine enorme Bibliothek.
Fragt dieser: „Könnte ich mir da mal ein paar Bücher ausleihen?"
Darauf der Prälat: „Unter gar keinen Umständen, das sind alles geborgte Bücher!"

Im Religionsunterricht fragt der Pfarrer seine Schüler: „Was ist ein Gelübde? Wer weiß es?" Alle schweigen und schauen nach unten. Dann meldet sich Fritzchen: „Ich weiß es, Herr Pfarrer – mein großer Bruder hat nämlich eine!"

Sonntagspredigt in der Dorfkirche:
„Ihr schaut immer nur auf das Äußere, auf das hübsche Gesicht und das hübsche Kleidchen", wettert der strenge neue Kaplan gegen die leichtfertigen Liebschaften der jungen Burschen. „Ich aber sage euch: Ihr solltet mehr das sehen, was darunter ist!"

Im Religionsunterricht:
„Eberhard-Dieter, kannst du mir vielleicht sagen, wie der Schutzpatron der Glöckner heißt?"
„Aber klar kann ich das, Herr Lehrer. Der olle Typ heißt Heiliger Bimbam !"

Fritzchen kommt aus der Kirche. „Na, was hat der Pfarrer gesagt?" „Er hat gesagt: Die Eltern sollen ihre Kinder nicht soviel fragen, sondern selber in die Kirche kommen!"

Ein Pater in Mission hält in einem katholischen Dorf eine Strafpredigt gegen das Kartenspiel: „Wie viel Zeit wird damit doch vertan!!!" „Ja, ja besonders beim Mischen!!!", meint ein Bauer zu seinem Nachbarn.

Ein geiziger Bauer fällt in den Graben und ist am Ertrinken. Die Knechte kommen gelaufen und rufen: „Gebt Eure Hand, gebt Eure Hand…“ Aber der Bauer reagiert nicht und rudert weiter im Wasser herum. Da kommt der Pfarrer vorbei und rät: „Der gibt nichts, ihr müsst rufen: Nehmt unsere Hände…“ Sofort ergreift der Bauer die ausgestreckten Hände und lässt sich ans Ufer ziehen.

Der Geschäftsführer eines großen Supermarktes bittet den katholischen Pfarrer bei der Eröffnung des Marktes, diesen gegen einen kleinen Obolus zu weihen. Der Pfarrer tut das. Am Ende kommt ein Mann zu ihm und fragt: „Hätten Sie noch etwas Zeit?“ „Warum, haben Sie auch ein Geschäft?“ „Ja, den kleinen Gemüseladen nebenan.“ „Und der soll wohl auch eingeweiht werden?“ „Nein, ich dachte eher an die Letzte Ölung.“

Wer's glaubt, wird selig

(…der schräge Kirchturm von…)

Ein bekannter bekennender Atheist kehrt in einer eleganten Gesellschaft stolz seinen Unglauben heraus und wettert gegen die Kirche und gegen die Christen. Da sagt ein bescheidener Besucher: „Wichtig ist nicht die Frage, ob Sie an Gott glauben.“ „Welche denn?“ „Ob Gott an Sie glaubt.“

Auf dem Land sitzt ein alter Bauer vor der Kirche auf der Bank. Es ist Sommer und es hat lange nicht geregnet. Da kommt eine Schulklasse vorbei und will in die Kirche. „Was wollen Sie denn mit den Kindern in der Kirche?“, fragt der Bauer. „Wir wollen um Regen bitten“, antwortet die Lehrerin. „Seien Sie froh, dass Kindergebete nicht erhört werden, sonst wären sie längst ihren Job los.“

Ein Jesuit sitzt im Park, liest in seinem Brevier und raucht dabei. Ein Franziskaner wandelt betend vorbei und staunt über den Jesuiten. Sie diskutieren darüber, ob man beim Beten rauchen darf. Sie beschließen, ihre Oberen zu fragen. Später treffen sie sich wieder. Der Jesuit sitzt wieder auf der Bank, betet und raucht dabei. Der Franziskaner: „Mein Oberer hat gesagt, dass Beten eine heilige Handlung ist und man dabei nicht rauchen sollte.“ Der Jesuit: „Und ich habe meinen Oberen gefragt, ob man beim Rauchen beten darf.“

Ein Dominikaner behauptet gegenüber einem Jesuiten, über jedes beliebige Thema aus dem Stand eine Predigt halten zu können.
„Gut", meint der Jesuit, „das wollen wir doch mal sehen."
Sie kommen überein, dass der Dominikaner am nächsten Tag vor dem gesamten Jesuiten-Kolleg eine Predigt halten soll, dessen Thema er erst auf der Kanzel in einem Briefumschlag finden wird.
Am folgenden Tag steigt der Dominikaner nun auf die Kanzel, öffnet den Umschlag und liest das Thema der Predigt: Die Gedanken des Jesuskindes in der Krippe. Er beginnt: „Das Jesuskind lag also so in der Krippe und sah sich um. Und es sah Maria und Josef, und es sah auch einen Ochsen und einen Esel. Da dachte es sich: das ist also die Gesellschaft Jesu…"

(Die Ordensbezeichnung der Jesuiten ist: »Gesellschaft Jesu«)

Kommt ein Pfarrer zu Besuch zu einem Freund und sieht, dass der ein Hufeisen über der Tür hängen hat.
„Was soll denn das mit dem Hufeisen, du glaubst doch wohl nicht daran, dass das Glück bringt?"
„Natürlich nicht", erwidert der Freund, „aber ich habe mir sagen lassen, dass es auch hilft, wenn man nicht dran glaubt."

Der Blitz hat in den Kirchturm eingeschlagen. Der Pfarrer geht von Dorf zu Dorf, um für den Neubau zu sammeln. Überall sammelt er reichlich ein. Dann kommt er zum Erwin Mayrhofer, der will absolut nichts geben. Auf die Frage des Pfarrers hin meint der: „Also Herr Pfarrer, für jemanden, der sein eigenes Haus anzündet, gebe ich keinen Pfennig."

Ein Jesuit sitzt im Zug. Ihm gegenüber fährt ein Franziskaner, der sehr rote Haare hat. Der Jesuit fragt spitzbübisch den Franziskaner: „Sagt man nicht, dass Judas Ischariot auch rote Haare hatte?" Darauf der Franziskaner: „Ja, gehörte der nicht auch zur Gesellschaft Jesu?"

Ein Prüfling wird gefragt, wer das Sakrament der Firmung gültig spenden kann. Seine Antwort lautet: „Jeder Bischof, der zum Gebrauch der Vernunft gekommen ist."

*Ein Pfarrer kommt aus Tschechien zurück und hat zwei Flaschen Becherovka – Kräuterschnaps – mitgebracht. An der Grenze packt ihn das schlechte Gewissen.
Lügen will und darf er nicht. Kurzerhand klemmt er sich je eine Flasche unter die Arme. Bei der Kontrolle fragt ihn der Zöllner: „Hochwürden, haben Sie in Tschechien etwas eingekauft?" – „Ja, mein Sohn", erwidert er ehrlich, „aber ich habe alles unter den Armen verteilt."*

ZOLL

Die Frau eines reich gewordenen Unternehmers geht das erste Mal in ein Waisenhaus, um eine Spende zu bringen. Sie fängt an, eine lange Rede zu halten, und beginnt, allen Mitarbeitern und dann auch den Kindern alle möglichen Fragen zu stellen. Nach einiger Zeit wendet sich die Leiterin an die Frau: „Sie sind wohl das erste Mal in einem Waisenhaus? Ich will Ihnen sagen, wie man so etwas macht. Sie setzen sich hin, lesen etwas Kurzes aus der Bibel, überreichen Ihre Spende und verschwinden wieder."

Vor der New Yorker Kathedrale sagt ein Seifenfabrikant zu einem Priester: „Das Christentum hat doch in den 2000 Jahren nichts erreicht, es wird gepredigt und gepredigt, aber alle wollen nur Geld und ein schönes Leben. Die Menschen sind keinen Deut besser geworden."
Der Priester zeigt auf einen kleinen Jungen mit dreckigen Händen und Knien. „Seife hat auch nichts erreicht. Es gibt überall noch schmutzige Menschen."
„Na ja, Seife hilft nur, wenn man sie anwendet." Da nickt der Priester: „Eben, Christentum auch."

Unterhalten sich ein Protestant und ein katholischer Pfarrer: „Müssen denn die Kirchen so reich sein und sich immer um Steuern und Spenden kümmern? Sollte nicht die Kirche hinter dem Seelenheil her sein und nicht hinter dem schnöden Mammon. Gott hat uns doch die Gute Nachricht geschenkt und nicht verkauft."
Da nickt der Pfarrer verständnisvoll: „Sie haben schon Recht, mein Lieber, aber der Zwischenhandel will halt auch von irgendwas leben."

Ein Philosoph und ein Pfarrer streiten sich darum, welcher der beiden von ihnen vertretenen Disziplinen der höhere Rang zukomme. Meint der Pfarrer: „Philosophie ist, als ob jemand in einem dunklen Raum mit verbundenen Augen eine schwarze Katze sucht, die es gar nicht gibt." Darauf antwortet der Philosoph: „Theologie ist, als ob jemand in einem dunklen Raum ebenfalls mit verbundenen Augen eine schwarze Katze sucht, die gar nicht da ist, und plötzlich ruft: ‚Ich hab sie!...'"

Gespräch auf dem Kirchhof: „Der Pfarrer müsste einfach mehr Feuer in seine Predigten legen."
Antwort: „Oder umgekehrt: Mehr Predigten ins Feuer."

Ein evangelischer und ein katholischer Pfarrer besuchen gemeinsam in Trier den Dom: „Der Heilige Rock ist nicht echt", lästert der evangelische Pfarrer, „da sieht man ja noch das Etikett von Neckermann." „Und er ist doch echt, lieber Bruder in Christo", gibt der katholische verschmitzt zurück: „Die Einladungskarten zur Hochzeit zu Kana sind in der Tasche gefunden worden."

Ein Fürstbischof ist auf der Jagd. Er legt an und schießt auf eine Wildgans. Da er nicht mehr gut sieht, fragt er seinen Sekretär: „Gut getroffen?" – Darauf dieser: „Seine Exzellenz haben geruht, die Wildgans zu begnadigen!"

Zwei Freunde befinden sich in den Schweizer Alpen auf einer Wanderung. Als ihn ein Vogelkot mitten auf den Kopf trifft, sagt der eine laut zu sich: „Schön hat der liebe Gott die Welt eingerichtet." Kurze Zeit später tritt er mitten in einen Kuhfladen. „Schön hat der liebe Gott die Welt eingerichtet", sagt er darauf wieder. „Was meinst du damit eigentlich?", fragt ihn sein Wandergefährte. „Stell dir vor, statt der Vögel könnten die Kühe fliegen..."

„Was für Sünden soll ich Ihnen eigentlich bekennen, ich gehe jeden Sonntag in die Messe, führe ein geregeltes Leben, gehe früh schlafen, bin pünktlich zur Arbeit und ich lese jeden Tag in der Bibel." „Ja, ja, gut, gut, mein Sohn, aber das wird sich leider wohl alles ändern, wenn du hier rauskommst", unterbricht ihn der Gefängnispfarrer.

„Mein Vater hat mir zehn Mark versprochen, wenn ich in Religion eine Eins bekomme", erzählt Fritzchen dem Pfarrer. „Na dann streng dich mal an", meint der Pfarrer zu ihm. „Ich hätte da einen besseren Vorschlag", meint Fritzchen, „Sie geben mir eine Eins und dann teilen wir."

Fritzchen schreibt einen Brief an den lieben Gott: „Bitte schick mir hundert Mark!"
Die Post weiß grad nichts Besseres, als den Brief an den Bundeskanzler zu schicken. Der schickt ihm einen Brief zurück mit 5 Mark drin. Schreibt Fritzchen zurück:
„Danke, aber warum hast du ihn über den Kanzler geschickt? Der hat doch glatt 95% Steuern einbehalten!"

Eine Blondine kommt zu einer Privataudienz beim Papst.
Blondine am Schluss der Audienz:
„Ach übrigens, alles Gute zum Namenstag."
Der Papst grübelt:
„Aber heute ist doch weder Johannes noch Paul!?"
Blondine: „Aber heute ist der 2."

Eine Nonne hört auf der Straße, wie sich zwei Jungen mit derben Kraftausdrücken anschreien. „Hier“, sagt die Nonne zu dem Kleinen, „ich gebe dir 10 Pfennig, wenn du mir versprichst, nie wieder so etwas Schlimmes zu sagen!“
Da steckt der Kleine den Zehner ein und meint spitzbübisch: „Sie! Ich kenne noch einen Ausdruck, aber der ist glatt eine Mark wert!“

„Wenn ich Ihnen helfen soll, muss ich alles von Ihnen wissen“, sagt der Psychiater. „Bitte erzählen Sie und fangen Sie bitte vorne an!“ Patient: „Am Anfang schuf ich Himmel und Erde…“

Ein Mann springt mit dem Fallschirm ab. Doch dieser öffnet sich nicht. In seiner Not ruft er: „Hl. Antonius, rette mich!“
Und wirklich, da ergreift ihn eine Hand aus der Höhe und stoppt seinen Absturz. Schon seufzt der Mann erleichtert, als eine Stimme fragt: „Welcher Antonius?“
„Na, der von Padua!“
Er spürt, wie die Hand sich wieder öffnet und ihn loslässt: „Der bin ich nicht!“

Ein theologische Doktorarbeit liegt zur Bewertung vor. Der Gutachter schreibt dazu: „Das wenige Zusammenhängende dieses Werkes haben wir dem Buchbinder zu verdanken!“

Mit ergreifenden Worten beschwört der Pfarrer die Gemeinde, aus Dankbarkeit Gott und der Kirche gegenüber wieder zur Einrichtung des Kirchenzehnts zurückzukommen. Ein Gemeindemitglied ist so gerührt, dass es zu seinem Banknachbarn sagt: „Ein Zehntel? – Ich will sogar ein Zwanzigstel geben!!“

„Sie stammen aus einer gut katholischen Familie?“, fragt der Bischof einen Seminaristen. „Ja. Trotzdem bin ich ins Seminar eingetreten.“ „Und wie lange studieren Sie schon Theologie?“, fragt der Bischof irritiert. „Zehn Semester. Und trotzdem will ich mich weihen lassen.“

Noch zu DDR-Zeiten wird eine Frau zur Polizei vorgeladen, weil jemand gehört hatte, wie ihr Papagei staatsfeindliche Sprüche schrie. Die Frau hat noch einen Tag Zeit, sie ist zwar evangelisch, aber sie weiß, dass der katholische Pfarrer genau so einen Papagei hat wie sie. Sie geht zu ihm und fragt, ob er bereit wäre, mit ihr den Papagei zu tauschen. Der Pfarrer willigt ein. Frau und Papagei werden bei der Staatssicherheit sofort in zwei getrennte Zimmer geführt. Dann beschäftigen sich einige Beamten mit dem Papagei. Als er lange Zeit nichts sagt, beginnt einer der Beamten, ihm den vermeintlichen staatsfeindlichen Ausspruch leise vorzusprechen: „Nieder mit der SED!“ Der Papagei schweigt. Etwas lauter: „Nieder mit der SED.“ Schweigen. Mehrere Beamten rufen: „Nieder mit der SED.“ Immer noch Schweigen. Da brüllen die erregten Geheimdienstleute: „Nieder mit der SED, nieder mit der SED…“ Da dreht der Papagei den Kopf und krächzt: „Der Herr erhöre euer Flehen!“

Der Küster des alten Pfarrers hilft diesem aus dem Mantel, wobei er missmutig und leise vor sich hinmurmelt: „Na, du alter Trottel, hast dich wieder in der Kneipe rumgetrieben, gesoffen und hast peinliche Witze erzählt, aber keiner hat gelacht!" – „Irrtum, Karl", sagt der Pfarrer: „Ich war in der Stadt und hab mir ein neues Hörgerät gekauft!!!"

Ein katholischer Priester und ein jüdischer Rabbi essen gemeinsam zu Mittag. Als der katholische Pfarrer ein Stück Fleisch abschneidet, fragt dieser den Rabbi: „Wann sind Sie endlich so tolerant und probieren von diesem feinen Schweinesteak?"
Da antwortet der Rabbi:
„Auf Ihrer Hochzeit, Hochwürden…"

Ein Afrikamissionar besucht die Kranken in einem Dorf. In einer Hütte findet er einen jungen Schwarzen, der im Fieber liegt. Er untersucht ihn, gibt ihm eine Tablette und sagt zu ihm:
„Du keine Angst haben, du bald wieder gesund und arbeiten wie Elefant."
„Das sein feine Sache", sagt der Schwarze. „Dann ich kann fahren nächste Woche wieder zu Sorbonne und können halten feine Vorlesung über Sozialpsychologie…"

Ein Mann springt mit dem Fallschirm ab, kommt aber nicht auf der Erde auf, sondern verheddert sich in einem hohen Baum. Nach einer Weile kommt ein Pfarrer in Zivil vorbei. Da fragt ihn der, der im Baum hängt: „Hallo, wo bin ich hier?"
„Sie sind auf einem Baum", gibt der Geistliche ihm Auskunft.
Der Mann fragt zurück: „Sind Sie Theologe?"
„Wieso? Ja! Woher wissen Sie das?", fragt der Pfarrer verduzt.
„Na ja, Sie haben zwar auf alles eine Antwort, aber es nützt nichts."

Ein Prälat, der ein passionierter Angler ist, bohrt ein Loch ins Eis und wirft seine Angel aus. Da plötzlich ertönt eine Stimme aus der Höhe: „Hier gibt es keine Fische!" Er schaut sich um, geht ein paar Schritte weiter und hackt ein neues Loch. Nach einiger Zeit wieder die Stimme: „Hier gibt es keine Fische." Er springt auf, geht noch ein Stück weiter, macht wieder ein Loch, Angel rein. Da ruft die Stimme: „Ich hab dir doch gesagt, dass es hier keine Fische gibt!" „Wer bist du, o Herr?" Die Stimme gibt zurück: „Der Hallenwart vom Eisstadion!"

Ein alter Theologieprofessor: „Drei Dinge kann ich mir nicht merken: Namen, Zahlen und… eh, eh … das Dritte hab ich jetzt vergessen."

Der Papst reist im Auto durch die menschenleere Ödnis Kanadas. Plötzlich sagt der Papst zu seinem Fahrer: „Lassen Sie mich mal ans Steuer."

Der Chauffeur: „Aber heiliger Vater..." Doch der Papst unerbittlich: „Mich sieht doch keiner, der Herr ist mit mir..."

Glücklich klemmt er sich hinters Steuer und fährt los. Erst 60 Meilen, dann 80 Meilen, 100... Da ertönt die Sirene der Highway Police. Der Papst stoppt, und die Polizisten klopfen ans Fenster. Noch bevor der Papst ein Wort sagen kann, rennen sie zu ihrem Wagen und funken die Zentrale an: „Wir haben hier eine Geschwindigkeitsübertretung." „Ja und, dann kassieren Sie halt..." „Aber es ist eine wichtige Persönlichkeit." „Na und, auch wenn's ein Minister ist, kassieren Sie endlich." „Aber er ist noch viel wichtiger!" „Ja, wer ist er denn?" „Wissen wir auch nicht, aber der Papst ist sein Fahrer!"

In Erfurt fehlen Polizisten. Man entschließt sich, einige Kandidaten auszuwählen, um sie im Schnellverfahren auszubilden. Erster Kandidat betritt den Raum. Der Prüfer: „Sagen Sie, was ist das bedeutendste Bauwerk in Erfurt?“ – „Na, der Dom.“ – „Richtig! Bitte zeigen Sie ihn!“ Der Mann weist aus dem Fenster auf die Kirche. „Sehr gut. Nun buchstabieren Sie bitte das Wort Dom!“ – „D, o, o, h, m.“ – „Ei, ei…“ „Der Nächste bitte.“ – Der zweite Kandidat tritt ein. „Das historisch wichtigste Bauwerk Erfurts?“ – „Der Dom, Herr Prüfer!“ „Richtig!“ – „Zeigen Sie bitte!“ – „Nu, da is er doch!“ – „Auch gut. Jetzt buchstabieren sie bitte das Wort Dom!“ – „T, o, m, m.“ – „Ach… Sie können gehen.“ – „Was soll ich nur machen? So wird das nichts. Ich werde das Verfahren mal umdrehen“, denkt der Prüfer. Der dritte Kandidat kommt herein. „Eine Frage zur Rechtschreibung: Buchstabieren Sie bitte das Wort Dom!“ – „D, o, m.“ – „Gott sei Dank! Nun zeigen Sie ihn mir bitte noch!“ Der Mann streckt ihm den linken Daumen hin: „Hier!“

44 Im Religionsunterricht fragt der Pfarrer die Kinder: „Warum durften Adam und Eva nicht vom Baum essen?“ Klein Anna meldet sich und sagt: „Die Früchte wollten Gottens(!!!) doch einmachen.“

Ein katholischer Priester, ein evangelischer Pastor und ein jüdischer Rabbi wohnen nebeneinander in einer Straße. Eines Tages hat der katholische ein funkelnagelneues Auto vor der Tür stehen.
„Donnerwetter“, sagt sich der evangelische, „das kann ich auch“, und hat am nächsten Tag auch einen neuen Wagen vor der Tür. Der Rabbi sieht's und hat ebenfalls Tags drauf ein neues Auto. Am nächsten Wochenende sieht der evangelische Pastor, wie der katholische mit einem Eimer Wasser zu seinem Auto geht und ihn drübergießt. „Klar“, denkt er sich, „das muss sein.“ Also geht auch er mit einem Eimer Wasser zu seinem Auto und gießt ihn drüber. Nachdem der Rabbi das alles gesehen hat, denkt er kurz nach, holt eine Eisensäge, geht zu seinem Auto und sägt ein Stück vom Auspuff ab…

„Wo ist denn das Stück Kuchen hin, das hier auf dem Teller lag?“, fragt streng die Mutter. – „Das hab ich an einen hungrigen armen Jungen verschenkt“, antwortet Fritzchen. „Das ist aber lieb von dir, Fritzchen! Wer war denn der Junge?“ – „Ich!“

„Watt sind dett für Beeren?“ – „Blaubeeren, Eminenz.“ „Und warum sind se rot?“ – „Weil se noch jrün sind, Eminenz!!“

Ein Rabbi, ein katholischer Priester und ein evangelischer Pastor halten zusammen eine Andacht. Danach beraten sie, was mit der Kollekte geschehen soll.

Der Katholik: „Wir zeichnen einen Kreis auf den Boden, werfen das Geld hoch, was im Kreis landet, ist für Gott, das andere wird geteilt."

Der Evangelische: „Wir zeichnen einen Kreis, werfen das Geld hoch, nur soll das Geld außerhalb des Kreises für Gott sein."

Der Rabbi: „Wie werfen das Geld hoch, und was Gott haben will, soll er sich nehmen."

Pfarrer zum Ministranten: „Du kriegst 1 Mark, wenn du eine Frage beantwortest: Wie viel Haare hatte der Esel an der Krippe?" „254678991407." „Woher weißt du das denn so genau?" „Das ist schon die zweite Frage, zuerst die Mark."

Und es begab sich aber…

(zu der Zeit, als noch gar keine Kirchtürme existierten)

„Wie lange blieben Adam und Eva im Paradies?“, fragt der Dorfpfarrer im Religionsunterricht. „Das dürfte so bis Mitte September gewesen sein“, antwortet Sebastian. „Wie kommst du denn darauf?“ „Na, dann sind die Äpfel reif.“

Josef und Maria stehen in Betlehem vor einer Herberge. Josef fragt den Wirt nach einer Bleibe für die Nacht. „Tut mir Leid“, sagt der Wirt, „alles ausgebucht.“
„Bitte helfen Sie uns. Meine Frau ist hochschwanger“, fleht Josef.
Der Wirt: „Na und? Dafür kann ich ja wohl nix!“
Josef: „Meinen Sie etwa ICH?!?“

Wie waren die Posaunen von Jericho gestimmt? In d-Moll! Wieso? Sie haben alles de-molliert.

d(e) moll

Am Ufer des Sees Genezaret möchte ein Pilger vom Bootsbesitzer wissen, wie teuer eine Fahrt auf dem See sei. „50 Dollar!“ „Das ist ja eine Unverschämtheit!“, regt sich der Pilger auf. „Bedenken Sie“, erwidert der Bootsführer, „dass Jesus hier zu Fuß über das Wasser gewandelt ist.“ „Kein Wunder! Bei den Preisen.“

Im Religionsunterricht wird kurz vor Palmsonntag ein Bild von Jesus gezeigt, wie er in Jerusalem einreitet. Da hört man aus dem Hintergrund eine zarte Stimme: „Och, der ist aber seit Weihnachten gewachsen!“

Im Religionsunterricht sagt der Pfarrer: „Heute erkläre ich euch, wie der erste Mensch entstanden ist.“ Darauf Fritzchen: „Interessanter wäre es zu wissen, wie der dritte Mensch entstanden ist.“

Im Arbeitsamt: „Ein Trost haben wir, Erwin, selbst unser Herrgott hatte nach sechs Tagen schon wieder keine Arbeit!“

Fritzchen geht nach Weihnachten in die Stadt. Er besucht eine Kirche. Er schaut nach links, dann nach rechts, dann nimmt er aus der Krippe die Maria mit. Fritzchen geht in eine andere Kirche. Er schaut nach links, dann nach rechts und nimmt Josef mit. Zu Hause angekommen schreibt er einen Brief: „Liebes Christkind, bitte bringe mir nächstes Weihnachten einen Computer, sonst siehst du deine Eltern nie wieder.“

Nicht vom Brot allein...

(gegenüber vom Kirchturm befindet sich meist eine Kneipe)

Die Haushälterin kommt aus der Küche. „Es sind schon wieder so viele Kartoffeln übrig geblieben. Kaufen wir nun die Sau oder beantragen wir einen Kaplan?“

Der Pfarrer predigt gegen den Egoismus und gegen die Gier. „Die Menschen denken nur noch an sich, an ihre Vergnügungen, an das Trinken und Essen. Während wir zum Beispiel hier noch in der Kirche sind, sitzen die meisten Leute schon drüben in der Gastwirtschaft und essen mir den leckeren Kalbsbraten weg.“

Der Bischof sitzt beim Frühstück, als ein Pfarrer angemeldet wird. Der Bischof lässt diesen eintreten und bittet ihn zu Tisch: „Frühstücken Sie doch mit mir.“ „Danke, Herr Bischof“, erwidert der Pfarrer, „erstens ist heute Fasttag und zweitens habe ich schon reichlich gefrühstückt.“

Ein Pfarrer aus dem Allgäu schaut sich Berlin an (Vorbemerkung: Bayern verabscheuen Rosinen im Essen). Als er schon vieles angeschaut hat, bekommt er Appetit auf eine echt bayerische Schweinshaxen. Tatsächlich findet er ein Lokal, wo selbige angeboten wird. Der Ober kommt: „Ja, bitte, watt wünschn der Herr?“, „Joa, i hätt halt a echt bayrische Schweinshaxn!“, „Jawohl, der Herr, kommt jleich!“ Der Ober serviert, da ruft ihn der Bayer zurück: „Watt jibbt et denn, juter Mann?“ „Songs a mol, wos sann denn dees fiar Fliang in dera Suppm drinn?“ „Na, entschuljnse schon, dett sin doch keine Fliijän, det sin Rosiin!“ Der Hochwürdigste stutzt und meint: „Jo mai, doo wärmer jo Fliang liaba!“

Im Kloster wird gebaut. In der Küche bleibt jede Menge Suppe übrig. Die Oberin schickt die Küchenschwester mit der Suppe zur Baustelle, um sie an die Arbeiter zu verteilen. Überlegt die Schwester: „Bevor ich den Arbeitern die Suppe gebe, möchte ich doch wissen, wie es um ihren Glauben steht.“ Als Ersten trifft sie den Polier. Sie fragt ihn: „Kennen Sie Pontius Pilatus?“ Der Polier schreit nach oben: „Kennt einer den Pontius Pilatus?“ „Warum?“, tönt es zurück. „Seine Alte ist da und bringt ihm das Essen!“

„Ich kann Ihr Leiden nicht genau feststellen", sagt der Arzt, „wahrscheinlich ist der Alkohol daran schuld!" – „Macht nichts", sagt der Mann, „dann komme ich wieder, wenn Sie nüchtern sind, Herr Doktor."

Der Pfarrer stochert wie besessen auf seinem Teller herum. Da fragt die Haushälterin besorgt: „Was machen Sie denn da?“ – „Schnitzeljagd!“

Ein Pfarrer bestellt in einem Lokal eine Spezialität: Nachtigallenpastete mit Klößen. Es schmeckt alles vorzüglich. Nachdem er gezahlt hat, hält er den Ober zurück. „Sagen Sie, mein Sohn, das war doch eine recht ordentliche Portion und so eine Nachtigall ist doch nur ein winziges Tierchen?“ – „Ja“, sagt der Ober, „wir mischen da ja auch ein bisschen!“ „So?“, fragt der Pfarrer. „Ja, wir mischen mit Pferdefleisch.“ „Ist ja interessant!“ „Ja, eine Nachtigall – ein Pferd!“

In einem italienischen Ristorante bestellt ein Monsignore ein Menü, bindet sich die Serviette aber auf den Rücken. Der Ober kommt und ist verwundert: „Aber Padre, warum haben Sie denn Ihre Serviette auf dem Rücken?“ – „Da drüben sitzen Deutsche, mein Sohn, und die essen Spaghetti!“

„Herr Ober, in meiner Suppe schwimmt ein Hörgerät!“ – „Wie bitte?“

Ein Pfarrer sagt zur Haushälterin. „Bei aller Liebe, aber dieses Steak ist ungenießbar, so hart ist es!“ – Die Haushälterin gibt zurück: „45 wärn Se froh gewesen, wenn Sie's gehabt hätten.“ „Ja, ja“ sagt der Pfarrer, „45! Da war´s ja auch noch frisch!!“

Predigt des jungen Priesters: „Und immer wenn ich einen Betrunkenen aus einer Kneipe kommen sehe, sage ich zu ihm: Du bist auf dem falschen Weg, kehre um!“

Ein Mann liegt auf der Straße. Die Leute denken, er stirbt, und holen den Pfarrer.
Fragt der: „Willst du die Letzte Ölung, mein Sohn?“
Lallt der Mann: „Nein, jetzt nur nichts Fettiges!“

Als der Mann wieder betrunken nach Hause kommt, baut sich die Frau vor ihm auf und sagt: „Na, und was wirst du mir heute wieder für eine Geschichte auftischen, wo du herkommst?“ – „Ach“, sagt der Mann, „duuu bisss eine sooo kluge Frau, denk dir doch selber mal was aus, wo ich herkomme!“

Ein Betrunkener sucht verzweifelt unter einer Laterne nach irgendwas. „Was suchen Sie denn?“, kommt ihm der Pfarrer zu Hilfe.

„Meinen Schlüüsssssl.“ Gemeinsam suchen sie weiter.

Nach einiger Zeit sagt der Pfarrer:

„Aber sind Sie sicher, dass Sie ihn hier verloren haben?“

„Nö, verlorn hab ich ihn dort drüben, aber da is kein Licht!“

Ein Mann kommt täglich betrunken nach Hause. Seiner Frau wird das zu bunt. Sie stülpt sich ein Laken über und versteckt sich hinter der Tür. So erschrecken soll er, dass ihm das Saufen vergeht. Als der Mann kommt, fällt sie kreischend und „Huuhh"-schreiend über ihn her: „Ich bin ein Gespennnnst!" Erst erschreckt, doch dann erleichtert sagt der Mann: „Ach, ein Glück – und ich dachte schon, es wäre meine Frau!"

Betrunken fällt ein Mann auf sein Bett und zieht sich den Stiefel aus... Hauruck und krach! An die Wand, dann den zweiten: ruuuck und bumms! An die Wand. Da kommt der Nachbar von oben und schreit: „Wenn Sie schon besoffen nach Hause kommen, dann ziehen Sie gefälligst Ihre Stiefel leise aus!"
Am nächsten Tag gab es wieder was zu feiern, der Mann kommt wieder sternhagelblau nach Hause, fällt aufs Bett und zieht seine Stiefel aus: Krach! Gegen die Wand. Da plötzlich erinnert er sich an den Auftritt vom Vortag und zieht den zweiten ganz behutsam vom Fuß, stellt ihn neben das Bett, kurz darauf ist er fest eingeschlafen. Doch da weckt ihn ein lautes Klopfen an der Tür, er lauscht und hört seinen Nachbarn schreien: „Jetzt werfen Sie doch endlich den zweiten!!"

Ein Pfarrer findet vor der städtischen Brauerei einen Betrunkenen liegen: Er tritt heran und fragt mitleidig: „Sie liegen wohl hier Reklame ?“

Ein Betrunkener quatscht den Polizisten am Abend auf der Straße an: „Sach ma, is deer Mond nu eigentlich grün oder gelb?“ „We-Welcher, der linke o-oder der reschte?“

Ein Besoffener umklammert eine Littfasssäule und läuft immer im Kreis um sie herum. Plötzlich bleibt er stehen und spricht in verzweifelt weinerlichem Ton: „Ein-ge-mauert!“

Ein Berliner kommt nach München und quatscht einen Bayern an: „Eh, sachn Se ma, wo isn hier wat los?“ „Jo, mei, da gengans ins Hofbräuhaus, stelln sich aufan Tisch nauf und song: I bin a Prais – A da is was los!!“

Zwei Männer lernen sich in einer Kneipe kennen. Sie prosten sich zu, bis der erste Kasten Bier alle ist. Um den zu ermitteln, der den zweiten Kasten zahlt, schlägt der erste ein Wette vor: „Wetten, dass ich mir auf mein linkes Auge beißen kann!" – „Niemals", sagt der zweite. Da nimmt der erste sein Glasauge heraus und beißt darauf. Der zweite Kasten Bier wird geleert. Der erste fängt wieder an: „Wwwettn, dass ich miir auch noch aufff das zweite Auauge beißen kann!" – „Neee, das kannste nich!" Der erste nimmt sein Gebiss heraus und beißt sich damit auf sein anderes Auge. Der dritte Kasten wird getrunken. Da fängt der erste wieder an: „Wwwwwettttnn, dass ich dir nen Eimer Wassser übern Kopf kippe und du wirst üüüberhaupt nich nasss!" – „Nee, dass geht nich." Sie gehen raus und der erste schüttet dem zweiten einen ganzen Eimer Wasser über den Kopf. Der ist pitschnass und stöhnt! „Naja", sagt der erste, „ich wollte doch, dass du ooch mal gewinnst!"

Der Arzt fragt den Patienten: „Rauchen Sie?" – Nee.". „Trinken Sie?" – „Ja, Herr Doktor, hamse een da?!"

Als Mann und Frau schuf er sie...

(Was man vom Kirchturm nicht so alles sieht)

Die Trauung geht zu Ende. Der Pfarrer segnet das Ehepaar und spricht: „Nun gehet hin, seid fruchtbar und mehret euch.“ Die Braut errötet etwas und sagt leise: „Vielen Dank, Herr Pfarrer, aber das Mittagessen ist doch schon bestellt.“

Ein Baby ist glücklich geboren, aber es ist arg klein geraten. Die Hebamme gratuliert und meint: „Ein bisschen klein ist es ja geraten!“ Darauf meint die Mutter: „Ist schon gut so, wenn man bedenkt, eigentlich sollte es ja gar keins werden.“

Ein junger Mann will ein keusches junges katholisches Mädchen küssen. „Das darfst du doch nicht tun.“ „Doch, bei Gott, ich muss es tun“, seufzt er. „Nun, wenn du es gelobt hast, dann musst du es tun“, sagt das verliebte Mädchen, „aber lass es nicht zur Gewohnheit werden.“

Im Himmel gibt es zwei Eingänge. Der eine, dort müssen die Männer hinein, die immer getan haben, was ihre Frau ihnen gesagt hat – vor dieser Tür steht eine lange Schlange. Und die andere Tür: dort dürfen die Männer hinein, die nicht das gemacht haben, was ihre Frauen gesagt haben. Diese Tür ist schon ganz rostig. Als Petrus eines Morgens aus dem Fenster schaut, sieht er doch tatsächlich einen Mann vor der verlassenen Tür stehen. „Hör mal“, ruft ihm Petrus zu, „du willst mir doch nicht weismachen, dass du der einzige Mann bist, der nicht gemacht hat, was seine Frau sagt. Stell dich mal schnell schön drüben an der Schlange an!“ – „Aber, meine Frau hat gesagt, ich soll mich hier anstellen!“

Ein Mann, dessen Frau vor einem halben Jahr gestorben ist, will wieder heiraten und geht zum Pfarrer, um sich Rat zu holen. „Aber du bist doch erst ein halbes Jahr Witwer und alt bist du außerdem." „Herr Pfarrer, wozu brauchen Sie denn Ihre Haushälterin?" „Na zum Kochen, Waschen, Putzen etc." „Genau, Herr Pfarrer, wegen diesem etc. tät ich gerne wieder heiraten."

Ein bayerischer Landwirt zu seiner Gattin: „Ja, Cenci, was is denn, warum hast denn die Gans gschlacht?" – „Ja mai, mir ham doch heut unsern 10. Hochzeitstag." – „Ja, und wos kann denn da die arme Gans dafier?"

Die 80jährige Erna geht zur Beichte: „Damals vor 62 Jahren, da hab' ich mich mit dem Otto heimlich geküsst." „Aber Erna, das ist doch so lange her und schon vergeben, die Absolution hast du doch auch schon dafür bekommen." „Ach, es ist mir nicht um die Absolution, ich erinnere mich bloß so gerne daran."

Eine junge Dame kniet im Beichtstuhl. „Auch habe ich“, bekennt sie leise, „einen jungen Mann sehr geschätzt.“ „Geschätzt?“, fragt der Beichtvater. „Wie oft?“

Der Pfarrer sitzt mit Hans am Wirtshaustisch und muss eine Frage nach der anderen über Kirchensteuer, Papst, Frauen als Priester, Zölibat… beantworten. Zuletzt fragt der Hans: „Herr Pfarrer, ich möchte am Schluss einmal wissen, warum es eine Sünde ist, bei einem Mädchen zu schlafen.“ Darauf der Pfarrer: „Das Problem ist, ihr schlaft ja eben nicht.“

Als eine bekannte Schauspielerin auf dem Totenbett liegt, lässt sie doch noch den Pfarrer rufen, um zu beichten. „Herr Pfarrer, ich war jung und schön… den Rest können Sie sich ja denken.“

Die Männer, die mit den Frauen am besten auskommen, sind dieselben, die wissen, wie man ohne sie auskommt.

Zwei alte katholische Damen aus der Provinz gehen durch Berlin-Kreuzberg. Auf der gegenüberliegenden Straße steht ein Punker-Pärchen. Die eine Dame schüttelt den Kopf: „Die jungen Leute leben doch heute alle so sündhaft.“ Darauf die andere: „Moment mal, ich glaube, ich kenne die Beiden, die sind doch aus unserem Ort und haben vor einem Jahr in unserer Kirche geheiratet.“ Darauf kommt der Mann auf die zwei Damen zu und raunt: „Bitte geht schnell weiter und verratet niemandem, dass wir verheiratet sind, sonst ist unser guter Ruf hier zerstört.“

Eine alte Bäuerin macht eine Wallfahrt nach Altötting. Als sie einige Zeit später eine Verwandte trifft, fragt diese, warum sie denn die Wallfahrt gemacht hätte. „Ach, meine Tochter Rosi ist schon drei Jahre verheiratet und sie haben noch kein Kind bekommen.“ „Und hat es etwas geholfen?“ „Ja, aber die Muttergottes muss sich versehen haben, denn nicht die Rosi, sondern meine ledige Traudl hat's Kind bekommen.“

„Herr Pfarrer, ich habe gesündigt“, bekennt ein junges Mädchen im Beichtstuhl. „Auf welchem Gebiet denn, mein Kind?“, fragt der Geistliche. „Auf dem Gebiet des Stadtparks.“

Einer meint: „Die Frauen, sie sind verschieden!“ Darauf seufzt ein anderer: „Meine leider noch nicht.“

Heiraten – heißt Nachtigallen zu Zugvögeln zu machen.

Auf krummen Wegen...

(...ziemlich abseits vom Kirchturm)

Ein Vertreter kommt an ein Bauernhaus, klopft, und als die Bäuerin öffnet, kippt er eine Schaufel Dreck auf den Fußboden: „Gestatten, mein Name ist Schnorchel von der Firma Saug-Air. Wenn unser Super-Staubsauger diesen Haufen nicht ratzbatz wegkriegt, fress ich ihn selber!" – Die Bäuerin schmunzelt und sagt: „Da bin ich aber gespannt, wir haben nämlich hier draußen keinen Stromanschluss."

Einstein schaut aus dem Waggonfenster und fragt den Bahnbeamten: „Hält Locarno an diesem Zug?"

Treffen sich zwei Studenten auf der Privatuniversität. Einer ist adelig, der andere ist Stipendiat. „Meine Familie kann ihren Stammbaum bis auf Friedrich Barbarossa zurückverfolgen", prahlt der eine. Der andere kontert: „Unsere Unterlagen sind bei der Sintflut verloren gegangen."

Ein Beamter weckt seinen Kollegen: „Komm, Mittagessen!“ – „Lass mich“, gibt der zurück, „ich arbeite heute durch!“

Fragt ein Patient den Arzt: „Sind wir übern Berg?“ Der Arzt: „Genau, von nun an geht’s bergab.“

Drei Jungs unterhalten sich: „Mein Vater verdient 2000 Mark.“ – „Was macht der denn?“ „Der taucht Schokoladenmänner in Zuckerglasur.“ – „Mein Vater, der verdient sogar 3000 Mark!“, sagt der zweite. „Und was macht der?“ – „Der taucht bei VW die Karosserien ins Farbbad!“ – „Hm“, sagt der dritte, „mein Vater verdient 5000 Mark, der ist Beamter, aber der taucht gar nichts!“

Die Tochter eines reichen Bankiers fragt ihren Papa: „Was hast du gegen Heinz?“ „Dass er ein Trottel ist und dich nur wegen deines Geldes heiraten will“, antwortet ihr der Papa. „Papa“, ruft die Tochter entrüstet, „Heinz liebt mich, er würde mich auch nehmen, wenn ich kein Geld hätte.“ „Siehst du, ich habe gleich gesagt, dass er ein Trottel ist.“

Ein Frisör hat einen alten Kunden unter der Schere. Der gibt ihm ein Rätsel auf: „Sehnse, hier hab ich eine Bohne und nun lege ich diese Bohne von hier weg auf die Seite, was ist das?“ – Der Frisör hat keine Ahnung. – „Bon-aparte! Hahaha!“ – Der Frisör lacht mit. Zuhause will er es seiner Frau zeigen: „Ich brauch mal eine Bohne, – hammer nich, also dann nehm ich eine Erbse. So, die leg ich hier her, jetzt tu ich sie auf die Seite, was ist das, na? Na?“ – „Woher soll ich das wissen!“ – „Mensch, is doch ganz einfach: Napoleon!“

Eine alte Frau wohnt in einer Wohnung mit einem langen Gang. Sie hat einen Papagei. Wenn jemand klingelt, ruft sie meist: „Ei, ei, wer ist denn da?“ Das hat der Vogel natürlich gelernt. Eines Tages macht sie Besorgungen, sie hatte aber einen Elektriker bestellt, der nun gerade in ihrer Abwesenheit kommt. Der Elektriker klingelt, der Papagei ruft: „Ei, ei, wer ist denn da?“ – „Der Elektriker“ (ruft der Elektriker), nichts geschieht. Der Elektriker klingelt wieder. „Ei, ei, wer ist denn da?“ „Der Elektriker.“ Nichts. Wieder klingelt der Elektriker. „Ei, ei, …“ und so geht es in einem fort, bis der Elektriker ohnmächtig zusammenbricht. In diesem Moment kommt die alte Frau nach Hause, sieht den Mann liegen und ruft: „Ei, ei, wer ist denn da?“ Worauf eine Stimme aus ihrer Wohnung krächzend antwortet: „Der Elektriker!“

Gehen zwei Indianer zu ihrem Medizinmann und fragen: „Kannst du uns sagen, wie in diesem Jahr der Winter wird?“ Der Medizinmann schmeißt einen Haufen kleiner Steinchen auf den Boden und sagt: „Das wird ein sehr kalter Winter, sammelt viel Holz zum Heizen.“
Am anderen Tag kommen noch einige Indianer zu ihm und fragen dasselbe. Auch ihnen sagt er: „Sammelt viel Holz.“ Auch von anderen Stämmen kommen die Indianer und immer sagt er dasselbe. „Sammelt viel Holz!“ Doch der Medizinmann ist sich nicht ganz sicher. Er denkt sich: „Ich muss doch mal beim Wetteramt anrufen, ob das denn auch richtig ist.“ Gesagt – getan.
Er geht zum Telefon und fragt den Herrn vom Wetteramt: „Können Sie mir bitte sagen, wie in diesem Jahr der Winter wird?“ Der Herr vom Wetteramt antwortet ihm: „Das wird ein ganz harter Winter! Die Indianer sammeln Holz wie die Verrückten.“

Im Institut für Verhaltensforschung machen zwei Assistenten Versuche mit Ratten. Immer, wenn die Tiere auf den richtigen Knopf drücken, kriegen sie Futter. Nach drei Tagen sagte die eine Ratte zur anderen: „So dumm ist der Mensch gar nicht, muss man zugeben. Endlich hat der Bursche kapiert, dass er mir Futter reinschmeißen soll, wenn ich klingle."

Ein Mann mit Sprachfehler arbeitet bei Neckermann. Immer wenn er dem Chef begegnet, sagt er: „Guten Morgen, Herr Na-ckermann, guten Tag, Herr Na-ckermann!!" Nach vierzehn Tagen wird er entlassen und kommt schon zu Mittag nach Hause. „Was ist denn?", fragt seine Frau. „Bin entlassen!" „Ja, warum denn bloß?" „Ach", sagt der Mann: „Das selbe wie bei Qua-lle!"

„Bin ich wirklich so schlimm krank, Herr Doktor?" – „Ach Gott, was heißt schlimm. Ich will´s mal so sagen: Wenn ich Sie gesund mache, bin ich ein berühmter Mann!"

An der Grenze, ein Mann fährt mit dem Fahrrad vor, auf dem Gepäckträger einen Sack.

Zöllner: „Haben Sie etwas zu verzollen?"

Mann: „Nein."

Zöllner: „Und was haben Sie in dem Sack?"

Mann: „Sand."

Bei der Kontrolle stellt sich heraus: tatsächlich Sand.

Eine ganze Woche lang kommt jeden Tag der Mann mit dem Fahrrad und dem Sack auf dem Gepäckträger. Am achten Tag wird's dem Zöllner doch verdächtig:

Zöllner: „Was haben Sie in dem Sack?"

Mann: „Nur Sand."

Zöllner: „Hmm, mal sehen…"

Der Sand wird diesmal gesiebt – Ergebnis: nur Sand.

Der Mann kommt weiterhin jeden Tag zur Grenze.

Zwei weitere Wochen später wird es dem Grenzer zu bunt und er schickt den Sand ins Labor – Ergebnis: nur Sand.

Nach einem weiteren Monat der „Sandtransporte" hält es der Zöllner nicht mehr aus und fragt den Mann:

„Also, ich gebe es Ihnen schriftlich, dass ich nichts verrate, aber Sie schmuggeln doch etwas. Sagen Sie mir bitte, was!"

Mann: „Fahrräder!"

Sagt der Pessimist: „Also schlimmer kann's nicht werden." Darauf der Optimist: „Doooch!!"

Sagt die Verkäuferin: „Na, da gratulier ich aber. Sie sind der erste, der einen Fallschirm zurückbringt, der nicht aufgegangen ist."

Um Mitternacht machen sich zwei Skelette aus dem Friedhof davon, sie knacken ein Motorrad, sitzen auf. Da läuft plötzlich das eine Skelett noch mal zurück. Nach zehn Minuten kommt es keuchend und schnaufend mit einem Grabstein an. „Was willst du denn mit dem Stein?" – „Na, denkste vielleicht, ich fahre ohne Papiere?"

„Verzeihung, Sie schulden mir noch 100 Mark!!!" – „Schon verziehen!!"

Buch der Sprüche

(an den Wänden des Kirchturms entdeckt)

Kosmetik – die Kunst, aus der Not eine Tugend zu machen.

„Ich hol dir vom Himmel die Sterne“,
so schwör´n wir den Frauen gerne.
Doch nur am Anfang! Später holen
wir nicht mal aus dem Keller Kohlen.

(Heinz Erhardt)

Sie steinigten ihn mit einem Denkmal.

(Lec, Unfrisierte Gedanken)

Die Deutschen – ein Volk, in dem keiner so verrückt ist, dass er nicht einen noch Verrückteren fände, der ihn versteht.

Warum sterben Prälaten nicht? – Weil sie nur umgebettet werden!

Lautstärke – die Schwester der Gedankenschwäche.

Ein Kritiker ist eine Henne, die gackert, wenn andere legen.

(Giovanni Guareschi)

Meinungen sind wie Grundstücke: Erstens sind sie zu teuer, und zweitens kann man nicht immer darauf bauen.

(Dieter Hildebrandt)

Christen – die, welche den Kelch der Freude hienieden getrunken, bekommen dort oben den Katzenjammer.

(Friedrich Hebbel)

Stoß-Seufzer:
Man sollte nur die leisen Rassen
und nicht die lauten reisen lassen!

Ein Mensch erblickt das Licht der Welt -
Doch oft hat sich herausgestellt
nach manchem trüb verbrachten Jahr,
dass dies der einz'ge Lichtblick war.

(Eugen Roth)

„Gott hat die Welt aus Nichts gemacht“,
so steht es im Brevier,
nun kommt mir manchmal der Verdacht,
er macht sich nichts aus ihr…

(Heinz Erhardt)

Das Leben kommt auf alle Fälle aus einer Zelle. Doch manchmal endet's auch – bei Strolchen! – in einer solchen.

(Heinz Erhardt)

Humor – der Schwimmgürtel auf dem Strom des Lebens.

(Wilhelm Raabe)

Wenn ein Buch und ein Kopf zusammenstoßen und es klingt hohl, ist das allemal im Buche?

(Lichtenberg)

Es gibt Leute, die nur aus dem Grunde in jeder Suppe ein Haar finden, weil sie, wenn sie davor sitzen, so lange den Kopf schütteln, bis eins hineinfällt.

Heiliger in Steuersachen: Der hl Bartholomäus, dem haben sie bei lebendigem Leib die Haut abgezogen!

Psychoanalyse – Methode, bei der der Arzt von einem Patienten ein paar Jahre leben kann.

1000
100
200
1000
100
1000

Chirurgen ohne Anatomiekenntnisse gleichen den Maulwürfen: sie arbeiten im Dunkeln, und ihrer Hände Tagewerk sind – Erdhügel.

Manche Leute schlafen nur deshalb so gut, weil sie so langweilige Träume haben.

Seekrankheit – ein Zustand, in dem die Hoffnung, sterben zu können, das einzige ist, was den Menschen am Leben hält.

Klare Entscheidung
Ja, der Chirurg, der hat es fein:
Er macht dich auf und schaut hinein.
Er macht dich nachher wieder zu -
Auf jeden Fall hast du jetzt Ruh.
Wenn mit Erfolg, für längere Zeit,
Wenn ohne – für die Ewigkeit.
(Eugen Roth)

In sich gehen – ist unmodern; heute geht man in Behandlung.

Abstrahieren heißt die Luft melken.

Offene Aussprache – dasjenige, was hätte vermieden werden können, wenn man sich vorher immer offen ausgesprochen hätte.

Chef – ein Mensch, der andere Menschen braucht.

Moralisten – Menschen, die sich dort kratzen, wo es anderen juckt.

(Samuel Becket)

Zyniker – Leute, die von allem den Preis, aber von nichts den Wert kennen.

Sparen = Hund abschaffe, selber belle.
(aus dem Schwäbischen)

Kapitalismus – Weltanschauung durch Geldanschauung

Zu spät
Die alten Zähne wurden schlecht,
und man begann, sie auszureißen,
die neuen kamen grade recht,
um damit ins Gras zu beißen.

(Heinz Erhardt)

Ein Choleriker – einer, der immer roher wird, je länger er kocht.

Exzentriker – ein Mann, der viel zu reich ist, als dass man ihn einfach einen Verrückten nennen dürfte.

Oberschicht – Arbeitszeit eines Kellners.

Reicher – ein armer Mann mit Geld!

Zeit urbar machen.

Autosuggestion – Einbildung, ein altes Auto billig gekauft zu haben.

Koexistenz – was der Bauer mit der Gans bis zur Kirchweih tut.

Hat ein Kannibale das Recht, im Namen dessen zu sprechen, den er gefressen hat?

(Lec, Unfrisierte Gedanken)

In einer Koalition liegt immer die Versuchung nahe, den Eindruck zu erwecken, dass man selber den Käse produziert und nur die Löcher vom Partner stammen.

(Hector Minguez)

Die Glocken reisen selbst nach Rom -
So sagt der Volksmund – am Karfreitag.
Der Mensch reist etwa zum Parteitag,
Zu Sängerfesten, Fußballspielen,
Ausstellungen und Fachkonzilen,
Frankfurter oder andern Messen -
Und Zielen, die ich grad vergessen.
Kurzum, es reist die ganze Welt!
Besonders wandert auch das Geld -
oft rasch zu unserm Überraschen
Fliegt's geradezu aus unsern Taschen,
Ganz ohne dass wir's rausgeschmissen:
Wohin? Das mag der Teufel wissen!
Was braucht's noch weiterer Beweise?
Wir wünschen allen: gute Reise!

(aus: Die Welt auf Reisen, von Eugen Roth)

Analphabeten müssen diktieren.
(Lec)

Politik – es muss etwas geschehen, aber es darf nichts passieren.

Öffentliche Meinung – der ungenau gewogene Durchschnitt einer unbestimmten Anzahl von unaufgeklärten Vorurteilen.

Igel – der Kaktus unter den Tieren.

Takt – ist die Fähigkeit, einem andern auf die Beine zu helfen, ohne ihm auf die Zehen zu treten.

Kommunismus ist, wenn jeder von allem genug hat.
[DDR-Volksmund]

Broadway – die längste Straße mit dem kürzesten Gedächtnis.

Manager – die Krone der Erschöpfung.

Der Student studiert, der Arbeiter arbeitet, der Chef scheffelt.

Es ist unmöglich, jemandem ein Ärgernis zu geben, wenn er's nicht nehmen will.

Harnisch – die Garderobe eines Mannes, dessen Schneider ein Schmied ist.

Manche Leute halten ihre Grundsätze deshalb so hoch, um dann darunter durchzuschlüpfen.

Die Menschen sind erst gleich, wenn sie verschieden sind.

Amtsschimmel – feuchte, meist schwärzliche Beläge an Wänden und Decken von Behördenräumen.

Zwickmühle – Eingang zur Sackgasse.

Snobismus – wenn das Brett vor dem Kopf unbedingt aus Teakholz sein muss.

Was sagt die Holzwurmmutter am Abend zu ihren Kleinen? – Jetzt aber husch, husch ins Brettchen!!

Er würgte eine Klapperschlang, bis ihre Klapper schlapper klang!

Du sollst dein krankes Nierenbecken nicht mit zu kalten Bieren necken.

Auf Pillen nicht noch Salbe hoff, wer täglich 13 Halbe soff!!

Pubertät – wenn die Eltern anfangen, schwierig zu werden.

Und geht zu allen Völkern...

(Kirchtürme in verschiedenen Gegenden werden besichtigt)

Österreich

In Wien hält ein Mann aus Berlin einen Einheimischen mit den Worten auf: „Eh Dicka, wo isn hier eur Stefansdom?" Der Wiener antwortet recht freundlich: „Ja, bittscheen, der Häär, da geens halt die Straßn hernunter und unten rechts, da sehns dann schon unsern Steffansdom. Aber, sagns, das nächste mal kenndens doch etwas freundlicha fraagn!"
„Nee, da lieba valoof ick miir!"

Schwabenland

Vor dem Pariser Eiffelturm treffen sich ein Schwabe und einer aus Berlin. Der Berliner fragt: „Aus watt isn dett?" – „Aus Guscheische!", gibt der Schwabe zurück. – „Dett dett hält?!"

Der deutsche Kaiser besucht die Schweiz und hört dort von der Verschlagenheit und dem Witz der Appenzeller Bauern. Die will er sich mal anschauen. Von einem Appenzeller Bauern lässt er sich deshalb auf dessen Gehöft führen. Der Bauer geht voran: Durch das Tor in den Hof, in die Scheune, in den Stall, in den Schweinestall. Der Kaiser muss sich bücken und nimmt seinen Helm ab. Es ist ihm schon etwas dumm, warum er – um den Witz der Appenzeller zu entdecken – an so einen Ort gebracht wird. Im Koben sind zwei Schweine. Eine Sau mit ihrem Ferkel. Der Bauer bittet die kaiserliche Majestät um ihren Helm. Etwas widerwillig gibt er ihn her. Der Bauer wirft ihn in den Koben, das Ferkel stürzt sich auf ihn und stiebt davon. Als der Kaiser gerade seiner Empörung Luft machen will, fängt der Bauer unbändig an zu lachen und lacht und lacht. „Unverschämtheit, was lachen Sie denn so, Mann?“, brüllt der Kaiser. „Ja, schauen Sie dochch, Häär Kaiser! – Kleines Schwein hat Helm, großes Schwein Will-Helm!!!“

Die Einwohner von Bern gelten als recht träge und langsame Vertreter der Schweizer Rasse. Als sich einmal ein Berner mit seinem Züricher Freund trifft, wissen sie nicht so recht, was sie anfangen sollen. Der Züricher meint schließlich: „Waisst du, wiir könnten uns dochch für heute abig (Abend) ein paar Schnecken sammeln!" – „Ja, daas ischt eine guute Ideee", gibt der Berner zurück. Man einigt sich darauf, sich in zwei Stunden wieder zu treffen. Als die Zeit um ist, sieht man den Züricher mit einem großen Beutel voller Schnecken herankommen. Der Berner aber hat keine einzige Schnecke im Beutel. „Ja, was ischt denn passiert?", fragt der aus Zürich. „Jaaa", sagt der Berner, „waaisst du, immer, wenn ich die Schnecke fast hatte, da – husch, husch, war sie weg!"

In Bern muss das Zifferblatt der Kirchturmsuhr ausgebessert werden. Man baut ein Gerüst und ein Maler wird beauftragt. Der Pfarrer geht dann und wann nachschauen, wie weit die Arbeit gediehen ist. Als er nach einer Woche noch keinerlei Veränderungen feststellen kann, will er der Sache auf den Grund gehen und ersteigt das Gerüst. Beim Maler angekommen, fragt er diesen, wieso noch nichts getan sei an dem Zifferblatt: „Jaaa", gibt der zur Antwort, „schauen Sie, Hochwürden, immerrr, wenn ichch den Pinsel ansetze, da schlägt der kleine Zeiger mir den Pinsel aus der Hand!"

Ein Gast betritt eine Schweizer Hotelpension, ein kleiner Hund springt bellend an ihm rum. Der Gast fragt den alten Portier: „Beißt Ihr Hund?" „Na, der beißt net." Der Gast bückt sich zum kleinen Hund, um ihn zu tätscheln. Sofort verbeißt sich der Hund in die Hand des Gastes. „Aber Sie haben doch gesagt, Ihr Hund beißt nicht!“ „Des is net mei Hund.“

In einem Restaurant sitzen zwei Schweizer. Am Nachbartisch zwei Deutsche. Die Schweizer bekommen ihr Essen. Es ist nicht salzig genug. Also nimmt der eine Schweizer den Salzstreuer. Leider ist dieser verstopft. Der Deutsche am Nachbartisch sieht eine Weile zu, wie der Schweizer sich mit dem Salzstreuer abmüht. Schließlich kann er es nicht mehr mit ansehen und kommt an den Tisch der Schweizer. „Erlauben Sie“, nimmt der den Salzstreuer, zieht ein Messer aus der Tasche, ein Streichholz und beginnt mit dem Messer das Streichholz anzuspitzen. Anschließend stößt er in die Öffnungen, bis sie frei sind, und überreicht dem Schweizer den Salzstreuer. Daraufhin der Schweizer zu seinem Nachbarn: „Ich chann sie nicht laidn, diese Döutschin, abr tächnisch san sie uns übrlägn.“

Zwei Schweizer Jäger verirren sich nachts im Wald. „Gib doch' einen Schuss ab“, schlägt der eine vor. „Vielleicht findet man uns dann leichter.“ Der zweite befolgt den Rat. Keine Reaktion. „Schiess noch mal!“, fordert ihn der erste auf.
Wieder ein Schuss, wieder keine Reaktion.

„Noch einen Schuss!“, drängt sein Freund. „Tut mir Leid“, antwortet der Schütze, „das war mein letzter Pfeil.“

Ein Bergwanderer rastet am Rande einer Almwiese. Der Senner steht dort und betrachtet seine Schafe. Der Tourist möchte ein Gespräch anknüpfen:
„Fressen die Schafe gut?“
Der Senner: „Die weißen fressen gut!“
„Und die schwarzen?“
„Die auch.“
„Geben sie viele Wolle?“
„Die weißen geben genug.“
„Und die schwarzen?“
„Die auch.“
„Warum sagen Sie immer nur die weißen?“
„Weil die meine sind.“
„Und die schwarzen?“
„Die auch...“

Schottland

Der neue Pfarrer in Schottland lässt einen Korb für die Kollekte herumgehen. Als der Korb wieder beim Pfarrer ankommt, ist er immer noch leer. Da wendet sich der Pfarrer zum Altar und kniet nieder:
„Lieber Gott, ich danke dir, dass wenigstens der Korb noch zurückgekommen ist.“

Ein Engländer, ein Ire und ein Schotte wollen eine Party feiern. „Okay", sagt der Engländer, „ich bringe zwei Pfund Beefsteak mit." „Und ich drei Flaschen Whisky", verspricht der Ire. „Dann bring ich meinen Bruder mit", meint der Schotte.

Ein Schotte schreibt an eine Tageszeitung: „Wenn Sie noch mal so unverschämt über den angeblichen Geiz von uns Schotten schreiben, dann borge ich mir nicht mehr Ihre Zeitung bei meinem Nachbarn!"

Einem Schotten fällt in einer Gaststätte ein Geldstück zu Boden, gemeinsam mit dem Kellner suchen sie lange danach. Dann aber sagt der Schotte zum Kellner: „Guter Mann, suchen Sie bitte weiter. Wenn Sie es finden, hier ist meine Adresse, wenn Sie es nicht finden, behalten Sie es als Trinkgeld."

Ein Schotte repariert die Antenne auf dem Dach des Hochhauses. Ein Tritt verkehrt und er stürzt ab. Dabei kommt er am offenen Küchenfenster seiner Wohnung vorbei, er ruft: „Märiiiiii, heute ein Essen wenigeeer!"

Was macht ein Schotte mit einer Adventskerze vor dem Spiegel? Er feiert den 2. Advent...

2.
ADVENT

McMoney geht zum Zahnarzt:
„Was kostet das Zahnziehen ohne Betäubung?"
„Zwei Pfund."
„Und mit Betäubung?"
„Vier Pfund."
„Also dann mit Betäubung!"
Der Zahnarzt gibt die Betäubung und bittet McMoney, draußen zu warten, bis diese wirkt. Nach zehn Minuten schaut der Zahnarzt nach McMoney, doch dieser ist verschwunden. Ein paar Tage später trifft der Zahnarzt einen Kollegen. Dieser erzählt ihm folgendes:
„Ich hatte neulich einen Patienten, der ließ sich einen Zahn ohne Betäubung ziehen und verzog dabei keine Miene! Es war ein gewisser McMoney..."

Im Zug erwischt der Schaffner einen Schotten ohne Fahrschein. Der Schotte fängt an zu handeln. Da verliert der Schaffner seine Geduld, greift nach dem Koffer des Schotten und schreit: „Wenn Sie nicht augenblicklich bezahlen, fliegt der Koffer aus dem Fenster." Der Schotte ist entrüstet: „Erst wollen Sie mich arm machen und jetzt auch noch meinen einzigen Sohn umbringen!"

Die schottische Nationalmannschaft hat ein Spiel gewonnen. Der Trainer kommt in die Kabine und sagt: „Jungs, ihr wart großartig. Ihr habt euch eine Erfrischung redlich verdient: Los, John, mach das Fenster auf!“

Ein Schotte zum Postbeamten:
„Beim Telegramm kostet der Name also nichts?“
„Nein!“
„Gut, ich heiße MacAnkunftmontagfrühumsieben!“

Der alte Schotte war gestorben. Um seinen drei Söhnen klar zu machen, welch herber Verlust sie betroffen habe, verfügte er in seinem Testament, dass jeder seiner Söhne 100 Pfund in seinen Sarg zu legen habe. Der erste Sohn zeigte sich sehr widerwillig und legte die Scheine hinein, der zweite tat dies auch, aber sehr verärgert. Der dritte nahm die 200 Pfund heraus und legte tränenden Auges einen Scheck über 300 Pfund in den Sarg.

Ein Schotte beim Friseur:
„Was kostet einmal Haare schneiden?“
„Sechs Schillinge.“
„Und Rasieren?“
„Drei Schillinge!“
„Gut, dann rasieren Sie mir den Schädel…“

Norddeutschland

Ein Krankenhausseelsorger im Norden Deutschlands betritt ein Mehrbettzimmer und fragt schroff: „Wünscht hier jemaaand Prifatseelsorgää?“ Die Männer schauen alle weg, als hätten sie nichts gehört. „Keiner! Gut, dann also eine Aandaacht für allää!“

Bayern

Auf dem Viktualien-Markt in München kommt ein Japaner zum Gemüsestand: „Entsuldigen Sie bitte, habene Sie Glasnudelne?“ – „Wos willst?“ – „Entsuldigen Sie bitte, habene Sie Glass-Nudelne?“ – „Woos??“ – „Entsuldigen Sie, bitte, ha-ben-e Sie Glas-Nu-del-ne?“ – „Homma nedda!“ Der Japaner geht enttäuscht weg. Der Münchner wendet sich zu seinem Standnachbarn und schimpft: „Saupraissen, jopanische!!!“

„Woos is ökumenische Toleranz?“, fragt bei einer Maß ein Mitbruder den andern. „Wenn du dir von am Lutherischen Pfarrer a Maß Bier zahl’n lasst!“

Ein Bayrischer Bauer bringt seine Sau zur Ausstellung und gewinnt den 1. Preis. Zu Hause sagt er zu seiner Frau:
„Dös is der erste Sau-Preis, über den i mi freu!“

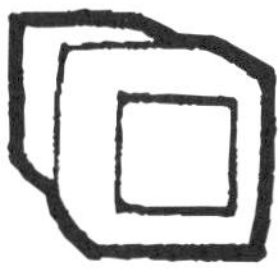

Ein Berliner kommt nach München und quatscht einen Mann auf der Straße an: „Eh, sachense mal, wo sindn hier eure Berje?“ – „Ja, daa schauns, da sehns doch die Berge! Aber, überhaupts habts ihr in Praissen gor keine Berge net!“ – „Nee, aber wennwa welche hätten, dann wärnse jrösser!!“

Ein Zug durchfährt die schöne bayerische Landschaft. Doch da, plötzlich sieht man, wie der Zug vom Geleise herunterfährt, eine Wiese überquert, dann durch ein Waldstück rast und erst hinter demselben wieder auf die Gleise zurückkehrt, kurz vor dem nächsten Ort. Der Bahnhofsvorsteher, der alles gesehen hat, stellt den Lokführer zur Rede: „Ja, wieso sann's denn von der Schienen heruntergfahrn?" – „Ja", sagt der Lokführer, „da war halt a Prais auf der Schienen gstandn!" – „Ja mei, da wärst doch driebagfahrn, iber den Praisn!" – „Ja, ja, aber i hob ihn doch erscht im Wald derwischt!"

Ihr kennt nicht den Tag…

(ein Blick zum Friedhof bzw. direkt nach oben)

Ein Priester trifft einen Rabbi und sagt: „Du, Rabbi, ich habe heute Nacht geträumt, ich war im jüdischen Himmel. So viele Leute! Ein Geschrei und Gestank nach Knoblauch! Nicht auszuhalten!“ „Ja,“ sagt der Rabbi, „mir hat heute Nacht auch geträumt, ich war im katholischen Himmel. Eine himmlische Ruhe! Wohlgerüche! Und kein Mensch da…“

Ein Tourist liest auf einem schottischen Friedhof die Grabinschriften: Hier ruht Billy Gray, ein fleißiger Mensch und ein guter Vater. – „Typisch schottisch“, murmelt der Tourist, „drei Mann in einem Grab!“

Ein Delinquent wird vom Pfarrer zum Galgen begleitet. Es regnet in Strömen, der Pfarrer hält den Schirm. Gefangener: „So ein Sauwetter, Herr Pfarrer…“ Pfarrer: „Sie haben's gut, Sie müssen nur hin – ich muss auch wieder zurück…“

Im Hofbräuhaus sitzen drei und trinken eine Maß und noch eine Maß und noch eine… Da spricht einer: „Wollmer net naufsteing aufn Münchner Rathausturm und auf d' Stadt nunterschaun?!“ „Jaaao, des machmer!“ Gemeinsam erklimmen sie den Turm und schauen hinunter. Plötzlich sagt einer: „Wollmer wettn, des i hinaussteig, umdn Turm herumfliag und wieder reinkomm!“ – „Dees schaffst nie und nimmer!“ – Doch der steigt naus, fliagt rum um'm Turm und kommt wieder herein. – „Ja, giibst den dees aa!“ – Da spricht der zweite: „Wollmer wetten, des i des a kaa!“ – „Nie, nie und nimmer.“ Doch auch er steigt hinaus, fliegt herum und kommt zurück. Da sagt der dritte: „Dees probier i aa!“, steigt naus aus'm Turm, stürzt hinunter und ist tot. – „Jesses“, sogt der eine zum andern, „'s hättmers ihm vleicht doch sang solln, dees mir zwoa Engln sann??!!“

Ein Millionär liegt im Sterben und ruft den Pfarrer. „Herr Pfarrer, wenn ich mein Vermögen der Kirche vermache, kann ich dann sicher sein, in den Himmel zu kommen?“
„Versprechen kann ich nichts“, meint der Pfarrer, „aber versuchen sollten Sie es auf alle Fälle.“

Ein Frau betritt die Buchhandlung. „Ich suche ein Buch für einen Kranken.“ – „Etwas Religiöses?“ – „Nein, nein, so schlimm ist es noch nicht!“

Bei der Beerdigung des toten Lateinprofessors Kunkel meinte ein Kollege: „Kunkel war ein toller Altphilologe. Er beherrschte sieben tote Sprachen!" – „Die wird er ja jetzt brauchen können!"

Der Dorfarzt, der selten in der Kirche zu sehen ist, kommt zu seinem 60. Geburtstag zur Beichte. Nach der langen Beichte meint der Arzt: „Langsam mache ich mir doch Gedanken, ob ich mit meinen Sünden nicht in der Hölle lande. Können Sie nicht ein Wort für mich einlegen?“ Der Pfarrer meint: „Ich will tun, was ich kann, aber unter einer Bedingung: Sie tun dafür alles, dass ich nicht zu schnell in den Himmel komme.“

Zwei Pfarrer unterhalten sich:
„Mensch, hatte ich heute einen anstrengenden Tag: 2 Beerdigungen, 2 Einäscherungen und noch eine Kompostierung!“
„Wieso Kompostierung?“
„Na ja, die Grünen werden auch mal älter!“

Der Papst ist seit ein paar Tagen im Himmel und schon hat er die erste Beschwerde an Petrus: „Was ist denn nur hier los? Ich bekomme eine kleine Zelle, in der ich hausen muss, und der Rechtsanwalt weiter vorne hat ein 10 Zimmer-Penthouse! Irgendetwas muss da falsch gelaufen sein!“ Antwortet Petrus: „Na, das hat schon alles seine Richtigkeit. Päpste haben wir hier oben mehr als genug, aber wir haben nur einen Rechtsanwalt!“

Ein Kater steht an der Himmelspforte und sagt zu Petrus: „Lass mich ein und setze mich auf eine schöne Wolke mit Ausblick. Das ist mein größter Wunsch.“ Petrus erfüllt diesen Wunsch. Wenige Tage später kommen 5 Mäuse und klopfen an der Himmelspforte und sagen: „ Lass uns ein! Wir haben auch einen Wunsch. Wir möchten hier oben im Himmel Rollschuh laufen.“ Petrus antwortet: „Weil ihr zu Erdzeiten immer so brav gewesen seid, erfülle ich euch diesen Wunsch.“ Am nächsten Tag läuft der Kater zu Petrus und sagt: „ Du hast mir den größten Wunsch erfüllt. Ich darf auf einer Wolke schweben, aber noch viel schöner ist das Essen auf Rädern!“

Ein Geistlicher fragte während eines Sturmes den Steuermann:
„Glaubst du, dass das Schiff in Gefahr ist?“
Der Steuermann nickte bedenklich: „Hochwürden, wenn der Sturm nicht nachlässt, sind wir alle in einigen Stunden im Paradies.“
Der Geistliche: „Ach du Schreck, bloß das nicht.“

Der Pfarrer betroffen: „Mein Sohn, ich fürchte, wir werden uns nie im Himmel begegnen...“
„Nanu, Herr Pfarrer, was haben Sie denn ausgefressen?“

Ein Pfarrer und ein Reisebusfahrer warten zusammen an der Himmelstüre und bitten um Einlass. Als Petrus aufmacht, bittet er den Reisebusfahrer hinein und verwehrt dem Pfarrer den Eintritt.
Auf die Frage des Geistlichen hin antwortet Petrus: „Ganz einfach! Jedes Mal, wenn die Menschen in deiner Kirche waren, haben sie geschlafen, aber jedes Mal, wenn sie im Bus gesessen haben, haben sie gebetet!“

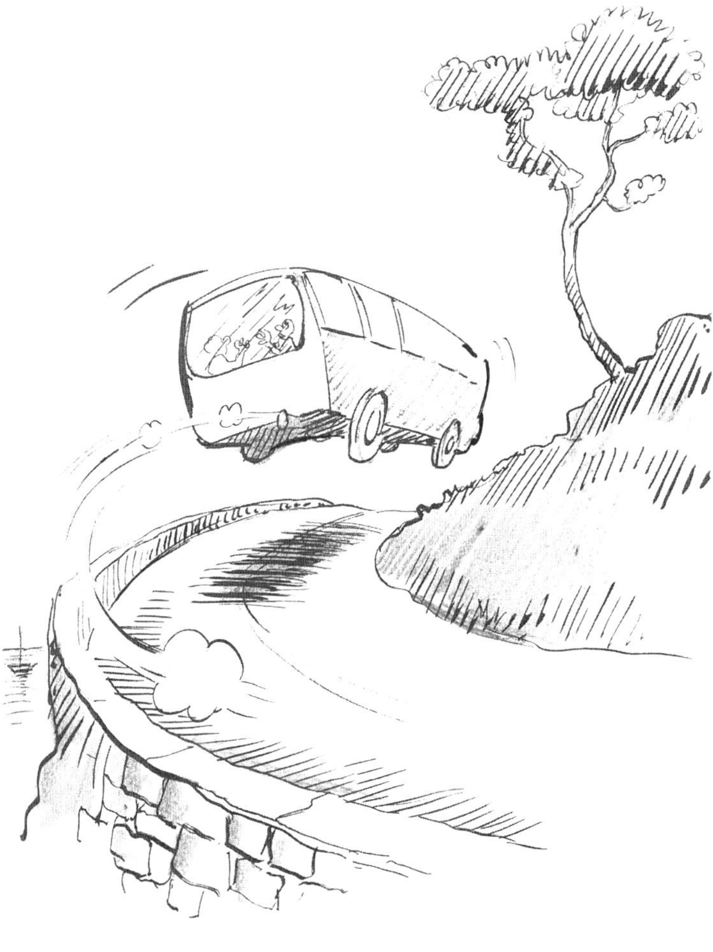

„Tut mir Leid“, sagt Petrus zu dem Enddreißiger, „aber du musst schon eine gute Tat vorweisen, sonst kann ich dich hier leider nicht reinlassen.“ Nach kurzem Überlegen sagt der Mann: „Ich hab beobachtet, wie einer aus einer Gruppe Rocker einer alten Dame die Einkaufstaschen weggenommen hat. Da bin ich hingegangen, hab ihn am Kragen genommen, die Taschen wieder geholt und hab ihm gesagt, dass er ein gemeiner Räuber ist.“

„Das ist ja eine sehr gute Tat. Und wie lange ist das ungefähr her?“

„Etwa drei Minuten.“

Ein Pfarrer und eine Nonne spielen Tischtennis. Der Priester ist etwas aus der Übung, und schon bald erwischt er den Ball nicht und schimpft: „Kruzifix, daneben!“ Die Nonne ermahnt den Pfarrer, weil der liebe Gott das Schimpfen ja so gar nicht mag. Nach einer Weile jedoch entfährt es dem Pfarrer nach einem misslungenen Schmetterball wiederum „Kruzifix, daneben!“ Nun wird die Nonne aber sehr streng und verbittet sich diese gottlose Schimpferei. Der Priester nimmt sich auch zusammen, jedoch nach einem weiteren Fehlschlag entfährt es ihm wieder: „Kruzifix, daneben!“ – Daraufhin erhebt sich ein gewaltiges Gewitter, es stürmt und donnert, und schließlich wird die Nonne von einem Blitz getroffen. Stimme von oben: „Kruzifix, daneben!“

Es klopft an der Himmelspforte.
Petrus öffnet die Tür und sieht draußen einen bleichen Mann stehen.
Der bleiche Mann sagt:
„Hallo, i bin der Hub –"
Und schon ist er wieder verschwunden.
Petrus denkt sich nur:
„Das ist ja ein komischer Kauz", und geht.
Eine halbe Minute später – das gleiche Spiel.
Es klopft, Petrus öffnet, der Mann steht draußen, sagt „Hallo, i bin der Hub-" und ist auch schon wieder weg.
So geht es fünf Minuten lang.
Dann wird es Petrus zu dumm und er beschwert sich beim lieben Gott:
„Was sagst denn du dazu? Da klopft alle halbe Minute ein Mann an der Tür, sagt ‚Hallo, i bin der Hub –' und verschwindet wieder."
Der liebe Gott überlegt einen Moment und erwidert dann:
„Ja Petrus, den kenne ich. Das ist der Huber Sepp, der wird gerade reanimiert..."

Vor der Kirche hängt ein großes Plakat mit der Aufschrift: „Weißt du, was Höllenqualen sind?"
Darunter steht mit Kugelschreiber geschrieben: „Wenn nicht, komm hierher und höre dir den Organisten an!"

An der bayerisch – österreichischen Grenze gehen die Posten auf und ab. Es ist früh am Morgen, der Nebel hebt sich langsam. Auf österreichischer Seite sagt der eine zum andern: „Schau Josef, da hängt einer!!!" „Was machen wir mit dem?" – „Weißt was, wir hängen ihn nach Bayern nüber!" Gesagt getan. Die Zeit vergeht, der Nebel hebt sich weiter. Die bayerische Grenzwacht kommt heran. Der eine Posten schüttelt den andern mit Grauen an der Schulter und sagt: „Schauuu Xaver, da, da hängt da widda!"

Ein alter Bayer liegt im Sterben. Die ganze Familie ist um ihn herum versammelt. Der älteste Sohn fragt den Vater: „Vatter, hast du vleicht noch an letzten Wunsch?" – „Jao, i mecht die Praissiche Staatsbirgerschaft annemmen!" – „Ja, wieso denn-naa?", fragt der Älteste entsetzt, „du bist doch dai ganzes Lehm a gstandner Bayr gwesn. Warum willst denn das jezet?" Der Alte richtet sich noch weiter auf und sagt mit gebrochener Stimme: „Jao, wenn i naert sterb, da is widder so a Sauprais weniga!!"

Der Theologieprofessor fragt die Studenten: „Können Sie mir einen Fall nennen, wo die Ursache hinter der Wirkung kommt?" Schweigen. Die Erklärung lautet: „Ein Arzt geht hinter dem Sarg seines Patienten."

Ein Mann kommt nach seinem Tod zu seiner eigenen Verwunderung in den Himmel. Doch am zweiten Tag kommt plötzlich ein Teufel vorbei und peitscht ihn aus. Ruft der Mann:
„Hey, das kannst du doch nicht machen, ich bin hier doch im Himmel!“
Darauf der Teufel: „Ha, denkst du! Wir haben jetzt das integrierte Gesamtjenseits.“

Treffen sich zwei Jäger – beide tot!

Ein leidenschaftlicher Fußballer will seinen Pfarrer necken und fragt ihn, ob im Himmel auch Fußball gespielt wird.
Der Pfarrer verspricht, sich danach zu erkundigen.
Nach einer Woche treffen sie sich wieder.
Auf die Frage, ob der Pfarrer schon Näheres weiß, antwortet dieser:
„Ich habe eine gute und eine schlechte Nachricht:
Die Gute: Im Himmel wird Fußball gespielt!
Die Schlechte: Du bist nächsten Samstag schon aufgestellt…“